juntos NESSA 1

HISTÓRIA

Ensino Fundamental Anos iniciais 1º ano

Charles Hokiti Fukushigue Chiba

Licenciado e bacharel em História pela Universidade Estadual de Londrina (UEL-PR).

Especialista em História Social pela Universidade Estadual de Londrina (UEL-PR).

Professor de História da rede particular de ensino.

Realiza trabalhos de assessoria pedagógica no desenvolvimento de materiais didáticos para o Ensino Fundamental I.

Caroline Torres Minorelli

Licenciada e bacharel em História pela Universidade Estadual de Londrina (UEL-PR).

Especialista em História e Teorias da Arte pela Universidade Estadual de Londrina (UEL-PR).

Atuou como professora da rede pública no Ensino Médio no estado do Paraná.

Realiza trabalhos de assessoria pedagógica no desenvolvimento de materiais didáticos para o Ensino Fundamental I.

Juntos Nessa História - 1º ano
© 2014 Leya

Direção editorial
Mônica Vendramin

Coordenação editorial
Ebe Christina Spadaccini

Assistência editorial
Michelle Silva
Bruno Amancio

Coordenação de produção
Nadiane Oliveira

Gerência de revisão e controle de qualidade
Miriam de Carvalho Abões

Assistência de coordenação de revisão
Ivana Alves Costa

Revisão
Virgínia Ayres

Coordenação de arte
Thaís Ometto

Projeto gráfico e capa
Marcela Pialarissi

Ilustração de capa
Águeda Horn

Edição de ilustrações
Paula Ferreira

Ilustrações de miolo
Águeda Horn
Estúdio Mil
Flaper
Gustavo Machado
Imaginario Studio
Ingridhi F. B.
Rafael da Silva
Rogério C. Rocha
RS²Comunicação

Iconografia
Tulio Esteves

Diagramação
Ana Rosa Cordeiro
Daniela Cordeiro
Renan Alves
Laryssa Dias

Tratamento de imagens
Z. Vitor Elorza

Produção digital
Coordenação
Camila Carletto

Edição
Thaís Ayumi Ogassawara

Impressão e acabamento
Oceano Indústria Gráfica

Todos os direitos reservados:
Leya
Rua Dr. Olavo Egídio, 266 – Santana
CEP 02037-000 – São Paulo – SP – Brasil
Fone + 55 11 3129-5448
Fax + 55 11 3129-5448
www.leya.com.br
leyaeducacao@leya.com

ISBN 978-85-8181-635-7 (aluno)
ISBN 978-85-8181-678-4 (professor)

Dados Internacionais de Catalogação na Publicação (CIP)
Ficha elaborada por: Tereza Cristina Barros - CRB-8/7410

Chiba, Charles Hokiti Fukushigue
  Juntos nessa : ensino fundamental, anos iniciais : história, 1º ano : Charles Hokiti Fukushigue Chiba, Caroline Torres Minorelli. -- 1. ed. -- São Paulo : Leya, 2014.

  ISBN 978-85-8181-635-7 (aluno)
  ISBN 978-85-8181-678-4 (professor)

  1. História (Ensino fundamental)
I. Minorelli, Caroline Torres. II. Título.

CDD-372.89

Índice para catálogo sistemático:
1. História : Ensino fundamental 372.89

HISTÓRIA

CARO ALUNO,

CARA ALUNA,

TUDO O QUE EXISTE AO NOSSO REDOR TEM HISTÓRIA: OS OBJETOS, AS CONSTRUÇÕES, AS MÁQUINAS, OS COSTUMES, OS HÁBITOS COTIDIANOS, O TRABALHO E, TAMBÉM, A VIDA DAS PESSOAS. PARA NOS AJUDAR A COMPREENDER O PASSADO EXISTE A DISCIPLINA DE HISTÓRIA. POR MEIO DELA, PODEMOS DESCOBRIR COMO AS COISAS FUNCIONAVAM, DE QUE MANEIRAS AS PESSOAS AGIAM, COMO REALIZAVAM SEUS TRABALHOS, E MUITO MAIS.

PORTANTO, ESTE LIVRO FOI FEITO PARA AJUDÁ-LO(A) A ESTUDAR HISTÓRIA. NELE, VOCÊ VAI ENCONTRAR DIFERENTES TIPOS DE TEXTOS, IMAGENS, ATIVIDADES E OUTROS RECURSOS INTERESSANTES QUE VÃO AUXILIÁ-LO(A) A INVESTIGAR E A DESCOBRIR MUITAS INFORMAÇÕES SOBRE O PASSADO. AO ESTUDAR COM ESTE LIVRO, VOCÊ TAMBÉM VAI PERCEBER QUE A NOSSA VIDA, NO TEMPO PRESENTE, É FRUTO DAS AÇÕES DE PESSOAS QUE VIVERAM NO PASSADO.

BOM ANO E BONS ESTUDOS!

OS AUTORES.

SIGNIFICADO DO ÍCONE

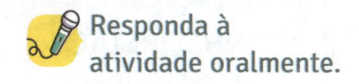

🎤 Responda à atividade oralmente.

SUMÁRIO

1) EU TENHO HISTÓRIA **6**

PARA CONHECER A HISTÓRIA DA VIDA 8
MEUS DOCUMENTOS PESSOAIS 12
MEUS OBJETOS PESSOAIS 16

2) MINHA FAMÍLIA **28**

EU NÃO MORO SOZINHO 30
EU AJUDO A ORGANIZAR 34
EU SOU FILHO ÚNICO 38
EU TENHO IRMÃOS 40
MINHA FAMÍLIA ME ADOTOU 44

3 CONVIVÊNCIA NA ESCOLA 50

- AS PESSOAS DA ESCOLA 52
- A ESCOLA NO PASSADO 56
- BRINCADEIRAS E CONVIVÊNCIA NA ESCOLA 59
- OS PROFESSORES 63
- PARA A ESCOLA FUNCIONAR BEM 66

4 FESTAS E COMEMORAÇÕES 72

- O DIA DO ANIVERSÁRIO 74
- OUTRAS FESTAS E COMEMORAÇÕES 79
- FESTAS E COMEMORAÇÕES NO PASSADO 83
- O FOLCLORE 87

BIBLIOGRAFIA 96

UNIDADE 1
EU TENHO HISTÓRIA

OBSERVE AS IMAGENS A SEGUIR.

OBJETOS USADOS POR BEBÊS.

Cheryl E. Davis/ Shutterstock/ Glow Images
sagir/ Shutterstock/ Glow Images
Kalma/ Shutterstock/ Glow Images
Kalmatsuy/ Shutterstock/ Glow Images
Iasha/ Shutterstock/ Glow Images
Julian Rovagnati/ Shutterstock/ Glow Images
Suzi Nelson/ Shutterstock/ Glow Images
karen roach/ Shutterstock/ Glow Images

OBJETOS USADOS POR CRIANÇAS.

PONTO DE PARTIDA

1. QUAIS OBJETOS APARECEM NA PÁGINA 6?
2. QUAIS OBJETOS APARECEM NA PÁGINA 7?
3. QUAIS DESSES OBJETOS VOCÊ USAVA QUANDO ERA BEBÊ?
4. QUAIS DESSES OBJETOS VOCÊ USA ATUALMENTE?

PARA CONHECER A HISTÓRIA DA VIDA

EXISTEM VÁRIAS MANEIRAS DE CONHECER A HISTÓRIA DA VIDA DE UMA PESSOA.

VEJA.

A

PAI, ADORO IR À CASA DO TIO PEDRO.

SABIA QUE NÓS VISITAMOS SEU TIO NAS FÉRIAS DESDE QUE VOCÊ ERA BEBÊ?

B

O QUE É ISSO, MÃE?

É A SUA CERTIDÃO DE NASCIMENTO, FILHO. ESTE É O SEU PRIMEIRO DOCUMENTO.

C

— MÃE, ADORO O SEU BOLO DE FUBÁ!

— VOCÊ SABIA QUE FOI SUA AVÓ QUEM ME ENSINOU A FAZER ESSE BOLO, ADÉLIA?

D

— PROFESSORA, EU CAÍ PORQUE NÃO NOTEI QUE HAVIA UM BURACO NO CHÃO.

— LUCAS, VOCÊ É MUITO DISTRAÍDO, DESDE QUE ERA MAIS NOVO. PRECISA TER MAIS CUIDADO.

Ilustrações: Estúdio Mil

1. O QUE AS CRIANÇAS DESCOBRIRAM SOBRE SUAS VIDAS NO PASSADO? COMENTE COM OS COLEGAS.

PRATIQUE E APRENDA

1. CONVERSE COM AS PESSOAS DA SUA FAMÍLIA PARA DESCOBRIR ALGUMA INFORMAÇÃO SOBRE A HISTÓRIA DA SUA VIDA.

2. FAÇA UM DESENHO PARA REPRESENTAR O QUE VOCÊ DESCOBRIU.

3. MOSTRE O SEU DESENHO PARA OS COLEGAS. DEPOIS, CONTE O QUE VOCÊ DESCOBRIU SOBRE A HISTÓRIA DA SUA VIDA.

4. MARQUE COM UM **X** AS ATIVIDADES QUE VOCÊ NÃO SABIA FAZER QUANDO ERA BEBÊ, MAS QUE AGORA JÁ SABE.

- [ ] LER.
- [ ] ESCREVER.
- [ ] ANDAR.
- [ ] COMER SOZINHO.
- [ ] TROCAR DE ROUPA SOZINHO.

5. LEIA O TEXTO A SEGUIR.

> O TIO RODRIGO ENSINOU-ME QUE SE AS REGRAS EXISTEM... É POR ALGUMA RAZÃO.
>
> FOI TAMBÉM COM ELE QUE APRENDI A SABER PERDER.

OBRIGADO A TODOS!, DE ISABEL M. MARTINS. SÃO PAULO: PEIRÓPOLIS, 2012.

A. MARQUE COM UM **X** O QUE A CRIANÇA APRENDEU COM O TIO DELA.

- [ ] APRENDEU QUE AS REGRAS EXISTEM POR ALGUMA RAZÃO.
- [ ] APRENDEU A GANHAR SEMPRE.
- [ ] APRENDEU A SABER PERDER.

B. CONTE PARA OS COLEGAS ALGO QUE VOCÊ APRENDEU COM UMA PESSOA DA FAMÍLIA.

MEUS DOCUMENTOS PESSOAIS

PARA DESCOBRIRMOS INFORMAÇÕES SOBRE NOSSA HISTÓRIA DE VIDA, PODEMOS CONSULTAR ALGUNS DOCUMENTOS.

OBSERVE O DOCUMENTO A SEGUIR.

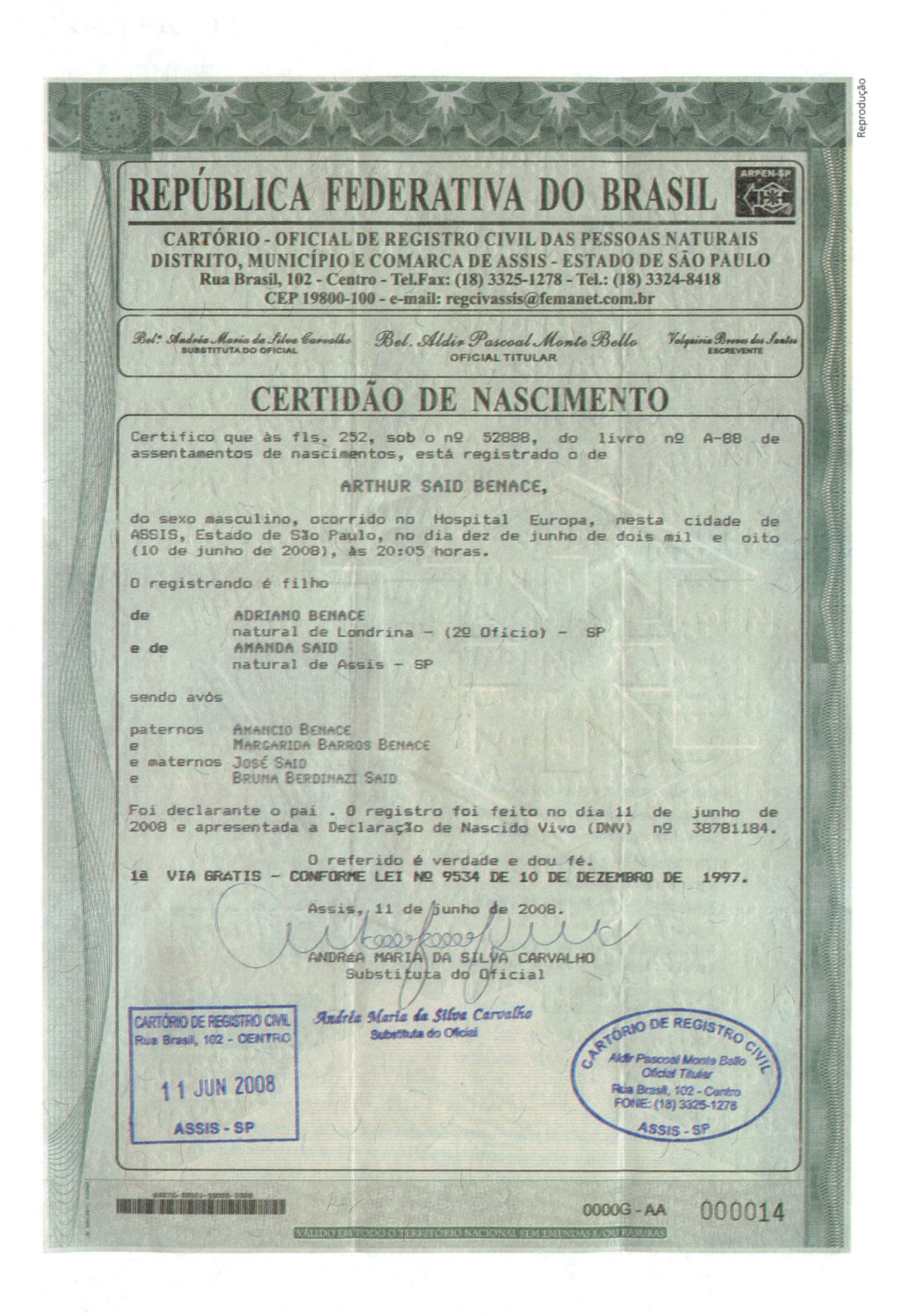

1. DE QUEM É O DOCUMENTO APRESENTADO NA PÁGINA 12?

2. QUAIS INFORMAÇÕES SOBRE ESSA PESSOA APARECEM NO DOCUMENTO?

O DOCUMENTO DA PÁGINA ANTERIOR É UMA **CERTIDÃO DE NASCIMENTO**. ELE É UM DOS MAIS IMPORTANTES DOCUMENTOS DE UMA PESSOA.

ALÉM DA CERTIDÃO DE NASCIMENTO, AS PESSOAS POSSUEM OUTROS DOCUMENTOS. VEJA.

CARTEIRA DE VACINAÇÃO.

3. QUE TIPO DE INFORMAÇÕES HÁ NESSE DOCUMENTO?

AS CAMPANHAS DE VACINAÇÃO

NA **CARTEIRA DE VACINAÇÃO** SÃO ANOTADAS AS VACINAS QUE A CRIANÇA PRECISA TOMAR E TAMBÉM QUAIS ELA JÁ TOMOU.

PARA QUE CRIANÇAS E ADULTOS SE LEMBREM DE TOMAR AS VACINAS, SÃO REALIZADAS CAMPANHAS DE VACINAÇÃO TODOS OS ANOS.

CARTAZ DE CAMPANHA REALIZADA EM 2012 PARA A ATUALIZAÇÃO DA CARTEIRA DE VACINAÇÃO DAS CRIANÇAS.

4. VOCÊ JÁ FOI VACINADO DURANTE UMA CAMPANHA DE VACINAÇÃO NA CIDADE ONDE MORA? COMENTE COM OS COLEGAS.

PRATIQUE E APRENDA

1. COM A AJUDA DE UM ADULTO DE SUA FAMÍLIA, CONSULTE A SUA CERTIDÃO DE NASCIMENTO E RESPONDA ÀS QUESTÕES.

A. QUAL É O SEU NOME COMPLETO?

_____

B. EM QUE DIA, MÊS E ANO VOCÊ NASCEU?

_____

C. EM QUAL CIDADE, ESTADO E PAÍS VOCÊ NASCEU?

_____

QUE CURIOSO!

A CERTIDÃO DE NASCIMENTO E A CARTEIRA DE VACINAÇÃO SÃO CHAMADAS **DOCUMENTOS PESSOAIS**.

UMA PESSOA ADULTA, POR EXEMPLO, PODE TER VÁRIOS DOCUMENTOS PESSOAIS, COMO A CARTEIRA DE MOTORISTA E O TÍTULO DE ELEITOR.

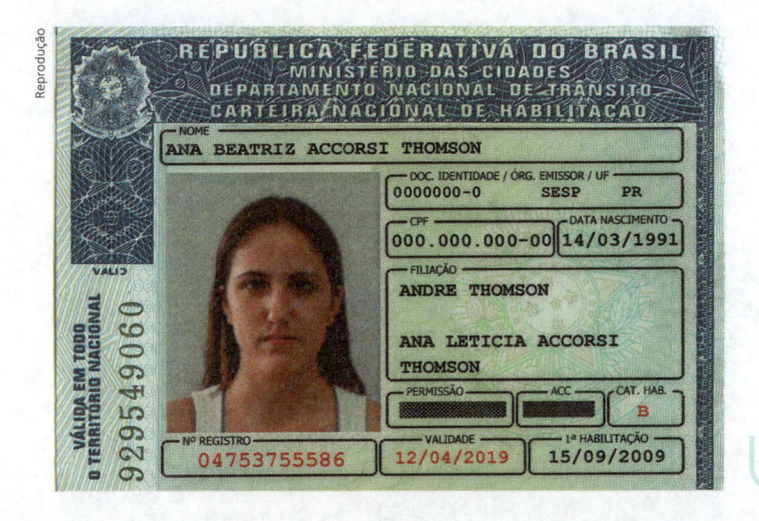

REPRODUÇÃO DE UMA CARTEIRA DE MOTORISTA.

MEUS OBJETOS PESSOAIS

OUTRA MANEIRA DE SABER INFORMAÇÕES SOBRE A HISTÓRIA DE VIDA DE UMA PESSOA É CONHECER OS OBJETOS QUE ELA JÁ UTILIZOU OU UTILIZA EM SEU DIA A DIA.

VEJA ALGUNS OBJETOS QUE EU USAVA QUANDO ERA BEBÊ.

ROUPA.

FRALDA.

SAPATINHO DE BEBÊ.

BABADOR.

AGORA, VEJA ALGUNS OBJETOS QUE EU USO ATUALMENTE.

ROUPA.

MATERIAIS ESCOLARES.

CALÇADO.

1. CITE OS OBJETOS QUE O MENINO DA ILUSTRAÇÃO USAVA QUANDO ERA BEBÊ.

2. CITE OS OBJETOS QUE O MENINO DA ILUSTRAÇÃO USA ATUALMENTE.

PRATIQUE E APRENDA

1. DESENHE UM OBJETO QUE VOCÊ USAVA QUANDO ERA BEBÊ.

2. AGORA, DESENHE UM OBJETO QUE VOCÊ UTILIZA ATUALMENTE.

- MOSTRE SEUS DESENHOS AOS COLEGAS.

QUE CURIOSO!

QUANDO ERAM CRIANÇAS, SEUS AVÓS E BISAVÓS TAMBÉM UTILIZAVAM DIFERENTES OBJETOS PESSOAIS NO DIA A DIA. VEJA.

CADERNO.

ROUPA.

CANETA E TINTEIRO.

CALÇADO.

BOLSA ESCOLAR.

KellyNelson/ Shutterstock/ Glow Images

Peter Anderson/ Dorling Kindersley/ Getty Images

StockPhotosArt/ Shutterstock/ Glow Images

Jiri Vaclavek/ Shutterstock/ Glow Images

David Svetlik/ Shutterstock/ Glow Images

Milos Luzanin/ Shutterstock/ Glow Images

BRINQUEDOS.

PRATIQUE E APRENDA

1. OBSERVE AS FOTOGRAFIAS A SEGUIR.

A. QUAIS OBJETOS FORAM RETRATADOS?

_____

B. LIGUE CADA UM DOS OBJETOS ANTIGOS AO SEU SEMELHANTE.

MINHAS RECORDAÇÕES

LEIA A HISTÓRIA EM QUADRINHOS A SEGUIR, CHAMADA **A CAIXA DE RECORDAÇÕES**.

Quadro 1:
— SABIA QUE VOCÊ TEM UMA CAIXA DE RECORDAÇÕES?
— CAIXA DE RECORDAÇÕES? O QUE É ISSO?

Quadro 2:
— É UMA CAIXA PARA GUARDAR COISAS SOBRE VOCÊ. TEM AQUI FOTOGRAFIAS, BRINQUEDOS E DESENHOS QUE FEZ QUANDO ERA MENOR.
— QUE LEGAL!

FIM.

Rafael da Silva

1. VOCÊ ACHA IMPORTANTE GUARDAR OBJETOS ANTIGOS DE RECORDAÇÃO? COMENTE COM OS COLEGAS.

DIVIRTA-SE E APRENDA!

EM UMA CAIXA DE RECORDAÇÕES PODEM SER GUARDADOS DIVERSOS OBJETOS. VAMOS FAZER UMA CAIXA PARA GUARDAR SUAS RECORDAÇÕES.

SIGA AS ETAPAS:

1. PEÇA A UM ADULTO DA SUA FAMÍLIA UMA CAIXA DE PAPELÃO DE TAMANHO MÉDIO.

2. COM A AJUDA DO ADULTO, ENCAPE A CAIXA DE PAPELÃO COM PAPEL COLORIDO OU PINTE, COM TINTA GUACHE, COM SUAS CORES PREFERIDAS.

3. NA TAMPA DA CAIXA, ESCREVA "MINHAS RECORDAÇÕES" E TAMBÉM O SEU NOME.

Ilustrações: Rafael da Silva

4 REÚNA ALGUNS OBJETOS SEUS PARA GUARDAR NA CAIXA, POR EXEMPLO:

- BRINQUEDOS QUE NÃO BRINCA MAIS;
- OBJETOS DIVERSOS QUE VOCÊ NÃO USA MAIS;
- ROUPAS QUE USOU QUANDO ERA BEBÊ;
- DESENHOS PRODUZIDOS POR VOCÊ;
- FOTOGRAFIAS.

5 GUARDE OS OBJETOS QUE VOCÊ REUNIU NA CAIXA. SUA CAIXA DE RECORDAÇÕES ESTÁ PRONTA!

Ilustrações: Rafael da Silva

RETOMANDO O QUE ESTUDEI

1. COMO AS CRIANÇAS DAS PÁGINAS **8** E **9** DESCOBRIRAM INFORMAÇÕES SOBRE SUA HISTÓRIA DE VIDA? MARQUE COM UM **X** A ALTERNATIVA CORRETA.

- [ ] POR MEIO DA LEITURA DE LIVROS DE HISTÓRIA.

- [ ] POR MEIO DE CONVERSA COM FAMILIARES.

2. MARQUE COM UM **X** A ALTERNATIVA QUE INDICA COMO VOCÊ COSTUMA REAGIR QUANDO PERDE EM UM JOGO OU BRINCADEIRA.

- [ ] EU ENTENDO QUE NEM SEMPRE SOU O VENCEDOR.

- [ ] EU FICO MUITO BRAVO E SAIO DA BRINCADEIRA, POIS NÃO ACEITO PERDER.

- [ ] EU PROCURO ME ESFORÇAR MAIS DA PRÓXIMA VEZ PARA SER O VENCEDOR DO JOGO.

3. MARQUE COM UM **X** AS ALTERNATIVAS QUE APRESENTAM DOCUMENTOS PESSOAIS DE UMA CRIANÇA.

- [ ] CERTIDÃO DE NASCIMENTO.

- [ ] CARTEIRA DE VACINAÇÃO.

- [ ] CARTEIRA DE MOTORISTA.

4. ALÉM DAS CAMPANHAS DE VACINAÇÃO DESTINADAS ÀS CRIANÇAS, EXISTEM CAMPANHAS DESTINADAS AOS ADULTOS. OBSERVE O CARTAZ AO LADO.

CARTAZ DE CAMPANHA DE VACINAÇÃO DO ANO DE 2012.

A. CONTRA QUAL DOENÇA ESSA CAMPANHA DE VACINAÇÃO FOI CRIADA?

_____

B. ESSA CAMPANHA DE VACINAÇÃO É PARA:

☐ SOMENTE CRIANÇAS.

☐ SOMENTE ADULTOS.

☐ SOMENTE MULHERES GRÁVIDAS.

☐ CRIANÇAS, ADULTOS, MULHERES GRÁVIDAS.

5. OBSERVE OS OBJETOS A SEGUIR. ELES PERTENCEM A UMA MESMA PESSOA.

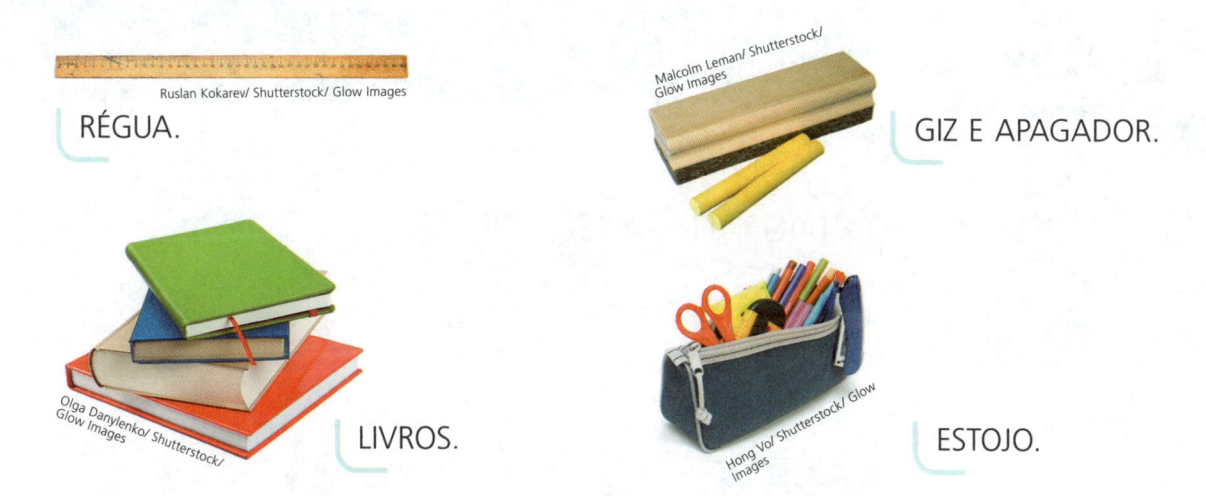

Ruslan Kokarev/ Shutterstock/ Glow Images
RÉGUA.

Malcolm Leman/ Shutterstock/ Glow Images
GIZ E APAGADOR.

Olga Danylenko/ Shutterstock/ Glow Images
LIVROS.

Hong Vo/ Shutterstock/ Glow Images
ESTOJO.

A. DE QUEM SÃO ESSES OBJETOS? MARQUE COM UM **X** A ALTERNATIVA CORRETA.

☐ SÃO DE UM MÉDICO.

☐ SÃO DE UM PROFESSOR.

PONTO DE CHEGADA

✔ É POSSÍVEL DESCOBRIR INFORMAÇÕES SOBRE NOSSA HISTÓRIA DE VIDA **CONVERSANDO** COM NOSSOS FAMILIARES.

✔ POR MEIO DOS **DOCUMENTOS PESSOAIS** PODEMOS CONHECER A HISTÓRIA DE VIDA DE UMA PESSOA.

✔ CONHECER OS **OBJETOS PESSOAIS** TAMBÉM PODE AJUDAR A CONTAR A HISTÓRIA DA VIDA DE UMA PESSOA.

✔ ALGUNS DOCUMENTOS E OBJETOS PESSOAIS PODEM SER GUARDADOS COMO **RECORDAÇÃO**. ESSAS RECORDAÇÕES PODEM FORNECER INFORMAÇÕES SOBRE O PASSADO.

UNIDADE 2

MINHA FAMÍLIA

OBSERVE AS FOTOGRAFIAS A SEGUIR.

A

PASSAMOS BOA PARTE DO NOSSO TEMPO COM AS PESSOAS DA FAMÍLIA.

B

TODOS OS MEMBROS DA FAMÍLIA PODEM COLABORAR COM A ORGANIZAÇÃO DA CASA.

C

SER FILHO ÚNICO PODE SER BASTANTE DIVERTIDO.

D

ÀS VEZES OS IRMÃOS BRIGAM, MAS O IMPORTANTE É O CARINHO QUE EXISTE ENTRE ELES.

PONTO DE PARTIDA

1. O QUE AS FOTOGRAFIAS DAS PÁGINAS **28** E **29** RETRATAM?
2. VOCÊ É FILHO ÚNICO OU TEM IRMÃOS? O QUE VOCÊ ACHA DISSO?

EU NÃO MORO SOZINHO

AS PESSOAS DA NOSSA FAMÍLIA GERALMENTE SÃO AS PRIMEIRAS COM AS QUAIS CONVIVEMOS.

> NA MINHA CASA MORAMOS EU, MEU PAI, MINHA MÃE E MEU IRMÃO MAIS NOVO.

> EU E MINHA IRMÃ MORAMOS COM A NOSSA TIA.

"EU E MEU IRMÃO GÊMEO MORAMOS COM NOSSA MÃE."

"EU SOU FILHO ÚNICO E MORO COM MEUS PAIS."

1. E VOCÊ, COM QUEM MORA? CONTE PARA OS COLEGAS.

PRATIQUE E APRENDA

1. QUANTAS PESSOAS VIVEM COM VOCÊ EM SUA MORADIA? ESCREVA NO ESPAÇO ABAIXO.

2. AGORA, NO ESPAÇO A SEGUIR, FAÇA UM DESENHO PARA REPRESENTAR VOCÊ E AS PESSOAS COM QUEM VOCÊ MORA.

- AGORA, MOSTRE SEU DESENHO AOS COLEGAS.

QUE CURIOSO!

OS IRMÃOS GÊMEOS

EXISTEM PESSOAS QUE POSSUEM IRMÃ OU IRMÃO GÊMEO. MUITAS VEZES, OS IRMÃOS GÊMEOS SÃO PARECIDOS FISICAMENTE. MAS EXISTEM IRMÃOS GÊMEOS QUE NÃO SE PARECEM UM COM O OUTRO.

IRMÃS GÊMEAS IDÊNTICAS.

IRMÃOS TRIGÊMEOS.

IRMÃ E IRMÃO GÊMEOS.

EU AJUDO A ORGANIZAR

LEIA A HISTÓRIA EM QUADRINHOS A SEGUIR, CHAMADA **ARRUMANDO A BAGUNÇA**.

DUDA FOI BRINCAR NA CASA DE SUA AMIGA MARIANA.

— QUE BOM QUE VOCÊ VEIO À MINHA CASA!

— VAMOS BRINCAR BASTANTE!

MARIANA MOSTROU PARA DUDA SUA BONECA NOVA.

— OLHA A MINHA BONECA NOVA, QUE LINDA!

— ELA É BONITA MESMO!

ENQUANTO BRINCAVAM, AS MENINAS ESPALHARAM VÁRIOS BRINQUEDOS PELO QUARTO.

— ONDE FOI PARAR MINHA BONECA?

— NÃO SEI...

PARA ENCONTRAR A BONECA E CONTINUAR BRINCANDO, AS MENINAS RESOLVERAM ORGANIZAR A BAGUNÇA.

— AGORA VAI SER FÁCIL ENCONTRAR A BONECA.

— SIM! DEPOIS VAMOS BRINCAR NO QUINTAL?

FIM.

PRATIQUE E APRENDA

1. SOBRE A HISTÓRIA EM QUADRINHOS DAS PÁGINAS **34** E **35**, RESPONDA:

A. QUAL FOI O BRINQUEDO QUE DUDA MOSTROU PARA MARIANA?

_____

B. POR QUE AS MENINAS DECIDIRAM ARRUMAR A BAGUNÇA DO QUARTO? MARQUE COM UM **X** A ALTERNATIVA CORRETA.

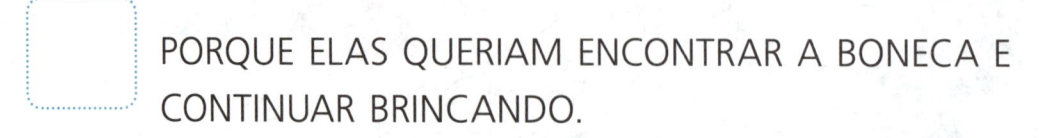

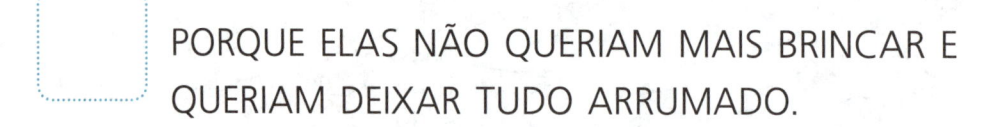

☐ PORQUE ELAS QUERIAM ENCONTRAR A BONECA E CONTINUAR BRINCANDO.

☐ PORQUE ELAS NÃO QUERIAM MAIS BRINCAR E QUERIAM DEIXAR TUDO ARRUMADO.

2. LIGUE OS BRINQUEDOS AO LUGAR ONDE ELES DEVEM SER GUARDADOS.

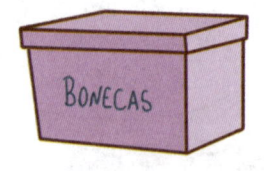

DIVIRTA-SE E APRENDA!

UMA DAS MANEIRAS DE MANTER O QUARTO ARRUMADO É ORGANIZANDO OS BRINQUEDOS EM CAIXAS. VAMOS FAZER ALGUMAS CAIXAS PARA ORGANIZAR SEUS BRINQUEDOS.

SIGA AS ETAPAS:

1. PEÇA PARA UM ADULTO AJUDAR VOCÊ A ENCONTRAR CAIXAS DE TAMANHOS VARIADOS.

2. SEPARE SEUS BRINQUEDOS POR TIPO, POR EXEMPLO, CARRINHOS, BLOCOS DE MONTAR, BONECAS, BOLAS, JOGOS DE TABULEIRO, ENTRE OUTROS.

3. ESCREVA EM CADA CAIXA O TIPO DE BRINQUEDO QUE VOCÊ VAI GUARDAR NELA.

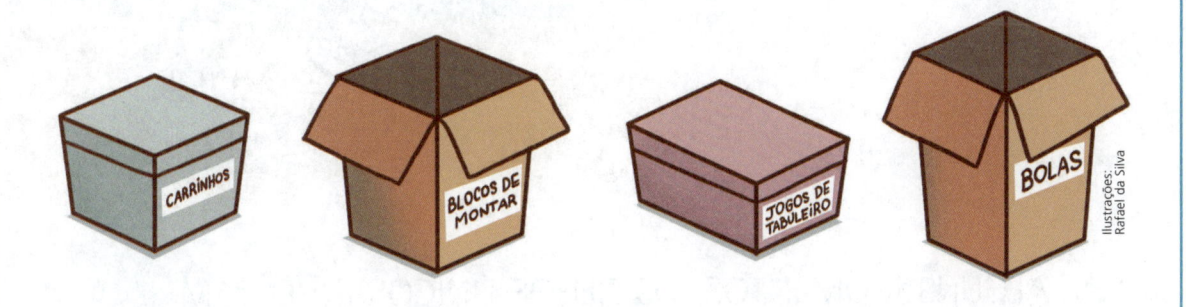

Ilustrações: Rafael da Silva

4. SEMPRE QUE VOCÊ TERMINAR DE BRINCAR, GUARDE CADA BRINQUEDO EM SUA CAIXA.

EU SOU FILHO ÚNICO

FILHO ÚNICO É AQUELE QUE NÃO TEM IRMÃOS. EXISTEM VÁRIAS CRIANÇAS QUE SÃO FILHAS ÚNICAS.

> SOU FILHA ÚNICA. EU GOSTO MUITO DE BRINCAR COM MEU BICHINHO DE ESTIMAÇÃO.

> EU NÃO TENHO IRMÃOS, BRINCO MUITO COM MEUS PAIS. ÀS VEZES, SINTO FALTA DE BRINCAR COM OUTRAS CRIANÇAS EM CASA.

Ilustrações: Estúdio Mil

EM ALGUNS MOMENTOS, OS FILHOS ÚNICOS INVENTAM BRINCADEIRAS E SE DIVERTEM SOZINHOS.

1. VOCÊ É FILHO ÚNICO OU CONHECE ALGUÉM QUE SEJA? CONTE PARA OS COLEGAS.

PRATIQUE E APRENDA

1. OBSERVE AS IMAGENS. ESCREVA AO LADO DE CADA IMAGEM DO QUE CADA CRIANÇA ESTÁ BRINCANDO.

_____
_____
_____

_____
_____
_____

_____
_____
_____

EU TENHO IRMÃOS

OBSERVE AS FOTOGRAFIAS A SEGUIR E CONHEÇA DIFERENTES SITUAÇÕES NA CONVIVÊNCIA ENTRE IRMÃOS.

A

Keithspaulding/ Dreamstime

B

Jamie Grill/ The Image Bank/ Getty Images

C

Pavel L Photo and Video/ Shutterstock/ Glow Images

1. QUAIS SITUAÇÕES ENTRE IRMÃOS FORAM RETRATADAS NAS FOTOGRAFIAS?

QUE CURIOSO!

HÁ CERCA DE 70 ANOS, NO BRASIL, ERA COMUM AS FAMÍLIAS SEREM NUMEROSAS, COM MUITOS FILHOS. ATUALMENTE, APESAR DE AINDA EXISTIREM FAMÍLIAS NUMEROSAS, É MAIS COMUM QUE ELAS SEJAM MENORES.

A

CASAL E SEUS 4 FILHOS, POR VOLTA DE 1940.

B

FAMÍLIA COMPOSTA POR PAI, MÃE E FILHO, NA ATUALIDADE.

PRATIQUE E APRENDA

1. AS IMAGENS A SEGUIR RETRATAM IRMÃOS EM DIFERENTES SITUAÇÕES. VEJA.

AGORA, ESCREVA AO LADO DE CADA IMAGEM O QUE OS IRMÃOS ESTÃO FAZENDO.

2. A FOTOGRAFIA A SEGUIR RETRATA UMA FAMÍLIA BRASILEIRA. OBSERVE.

CASAL E SEUS FILHOS, POR VOLTA DE 1925.

A. QUANTOS FILHOS APARECEM COM O CASAL DA FOTOGRAFIA ACIMA? MARQUE COM UM **X** A ALTERNATIVA CORRETA.

☐ 9　　　☐ 13

☐ 11　　☐ 15

B. CIRCULE OS DOIS IRMÃOS GÊMEOS QUE APARECEM NA FOTOGRAFIA.

43

MINHA FAMÍLIA ME ADOTOU

EXISTEM PESSOAS QUE, POR DIFERENTES MOTIVOS, NÃO TÊM FAMÍLIA. ESSAS PESSOAS PODEM FAZER PARTE DE UMA FAMÍLIA AO SEREM ADOTADAS.

LEIA O TEXTO.

VOCÊ PRECISAVA DE UMA CASA

E EU TINHA UMA PARA DIVIDIR

AGORA NÓS FORMAMOS UMA FAMÍLIA

SOMOS UM DO OUTRO: UM LIVRO SOBRE ADOÇÃO E FAMÍLIAS, DE TODD PARR. SÃO PAULO: PANDA BOOKS, 2009.

PARA FAZER JUNTOS!

CONVERSE COM OS COLEGAS DE SALA A RESPEITO DA IMPORTÂNCIA DA FAMÍLIA. DEPOIS, PROCUREM RESUMIR EM UMA PALAVRA O QUE NÃO PODE FALTAR NA CONVIVÊNCIA FAMILIAR. ESCREVA ESSA PALAVRA NO ESPAÇO ABAIXO.

LEIA MAIS!

O LIVRO **SOMOS UM DO OUTRO**, DO ESCRITOR E DESENHISTA TODD PARR, TRATA DA ADOÇÃO E DO AMOR ENTRE AS PESSOAS DE UMA FAMÍLIA.

ESSE LIVRO É DIVERTIDO E CHEIO DE ILUSTRAÇÕES.

SOMOS UM DO OUTRO: UM LIVRO SOBRE ADOÇÃO E FAMÍLIAS, DE TODD PARR. SÃO PAULO: PANDA BOOKS, 2009.

PRATIQUE E APRENDA

1. FAÇA UM DESENHO NO ESPAÇO ABAIXO REPRESENTANDO UMA SITUAÇÃO DE BOA CONVIVÊNCIA QUE VOCÊ VIVEU COM SUA FAMÍLIA.

RETOMANDO O QUE ESTUDEI

1. OBSERVE AS FOTOGRAFIAS A SEGUIR.

A. AGORA, LIGUE CADA PESSOA AOS SEUS IRMÃOS GÊMEOS.

2. OBSERVE AS ILUSTRAÇÕES A SEGUIR.

A

B

A. QUAL DAS ILUSTRAÇÕES REPRESENTA UM QUARTO ORGANIZADO? MARQUE COM UM **X** A ALTERNATIVA CORRETA.

☐ ILUSTRAÇÃO **A**   ☐ ILUSTRAÇÃO **B**

3. VOCÊ É FILHO ÚNICO OU TEM IRMÃOS? MARQUE COM UM **X** A SUA RESPOSTA.

☐ SOU FILHO ÚNICO. ☐ TENHO IRMÃOS.

AGORA, FAÇA UM DESENHO DA SUA BRINCADEIRA PREFERIDA, QUE VOCÊ REALIZA SENDO FILHO ÚNICO OU TENDO IRMÃOS.

PONTO DE CHEGADA

- ✔ A **FAMÍLIA** GERALMENTE É O PRIMEIRO GRUPO DE PESSOAS COM AS QUAIS CONVIVEMOS.
- ✔ TODAS AS PESSOAS DA FAMÍLIA PODEM COLABORAR COM A **ORGANIZAÇÃO** DA CASA.
- ✔ EXISTEM PESSOAS QUE TÊM **IRMÃOS** E AQUELAS QUE SÃO **FILHAS ÚNICAS**.
- ✔ MUITAS PESSOAS QUE NÃO TÊM FAMÍLIA SÃO **ADOTADAS** E PASSAM A FAZER PARTE DE UMA.

UNIDADE 3

CONVIVÊNCIA NA ESCOLA

OBSERVE AS FOTOGRAFIAS A SEGUIR.

A

ESCOLA DE SÃO CAETANO DO SUL, SÃO PAULO, EM 2002.

B

SALA DE AULA EM SOBRAL, CEARÁ, EM 2013.

C

CRIANÇAS EM ESCOLA DE BUÍQUE, PERNAMBUCO, EM 2013.

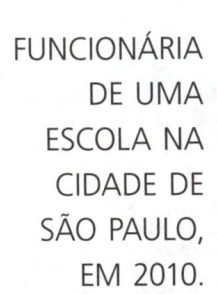

D

FUNCIONÁRIA DE UMA ESCOLA NA CIDADE DE SÃO PAULO, EM 2010.

PONTO DE PARTIDA

1. QUAIS PESSOAS DA ESCOLA APARECEM NAS FOTOGRAFIAS **A** E **B**?
2. QUAIS PESSOAS DA ESCOLA APARECEM NAS FOTOGRAFIAS **C** E **D**?
3. COMO É A SUA CONVIVÊNCIA COM AS PESSOAS DA ESCOLA?

AS PESSOAS DA ESCOLA

ALÉM DE NOSSA FAMÍLIA, CONVIVEMOS COM AS PESSOAS DA ESCOLA.

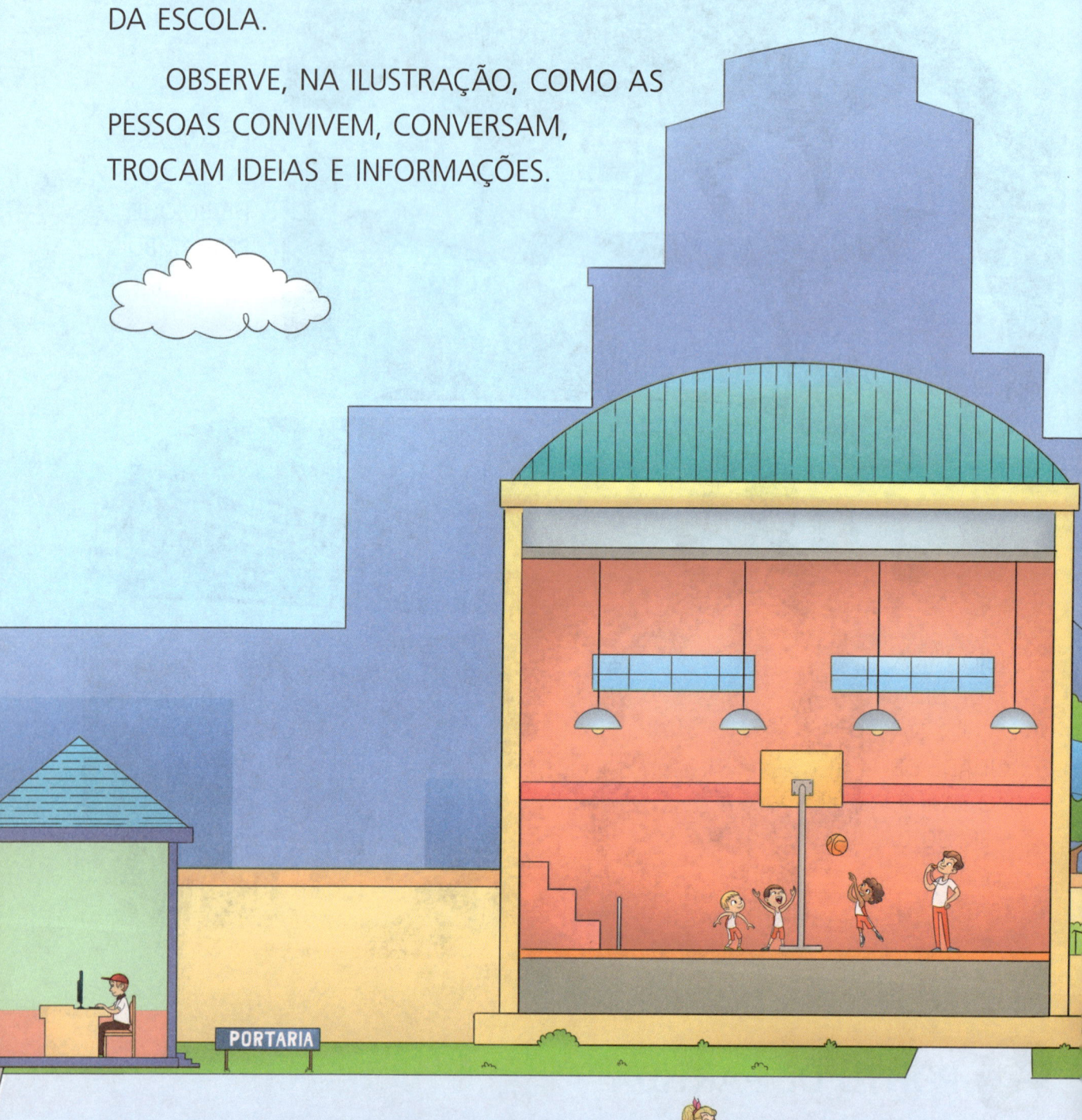

OBSERVE, NA ILUSTRAÇÃO, COMO AS PESSOAS CONVIVEM, CONVERSAM, TROCAM IDEIAS E INFORMAÇÕES.

PORTARIA

SECRETARIA

53

PRATIQUE E APRENDA

1. LIGUE CADA ILUSTRAÇÃO À SITUAÇÃO DE CONVIVÊNCIA QUE ELA REPRESENTA.

PROFESSOR E ALUNOS EM SALA DE AULA.

ALUNOS E BIBLIOTECÁRIA NA BIBLIOTECA.

COLEGAS CONVERSANDO NO REFEITÓRIO NA HORA DO RECREIO.

ALUNO CONVERSANDO COM A ZELADORA DA ESCOLA.

Ilustrações: Imaginario Studio

2. FAÇA UM DESENHO QUE REPRESENTE ALGUÉM DA ESCOLA ONDE VOCÊ ESTUDA. SE PREFERIR, DESENHE MAIS DE UMA PESSOA.

A ESCOLA NO PASSADO

OBSERVE AS FOTOGRAFIAS A SEGUIR. ELAS RETRATAM ASPECTOS DO DIA A DIA NAS ESCOLAS NA ÉPOCA DE SEUS PAIS E AVÓS.

A

CRIANÇAS ESTUDANDO EM SALA DE AULA, NO ANO DE 1962.

B

ALUNOS FAZENDO TRABALHO EM GRUPO NA ESCOLA, NO ANO DE 1962.

C

PROFESSORA AJUDANDO ALUNO A FAZER A LIÇÃO, NO ANO DE 1957.

D

ALUNOS BRINCANDO NO RECREIO, NO ANO DE 1950.

1. QUAL DAS FOTOGRAFIAS É A MAIS ANTIGA?

2. ESSAS SITUAÇÕES TAMBÉM ACONTECEM EM SEU DIA A DIA NA ESCOLA? QUAIS?

PRATIQUE E APRENDA

1. ESCREVA O NOME DOS OBJETOS UTILIZADOS NA ESCOLA PELOS ALUNOS NO PASSADO.

UTILIZE AS PALAVRAS DO QUADRO ABAIXO.

LANCHEIRA • RÉGUA • CADERNO

_____   _____

_____

2. QUAIS DOS MATERIAIS RETRATADOS ACIMA VOCÊ COSTUMA USAR NO DIA A DIA DA ESCOLA? CONTE PARA OS COLEGAS.

BRINCADEIRAS E CONVIVÊNCIA NA ESCOLA

NA ESCOLA, OS ALUNOS ESTUDAM, PRATICAM ESPORTES E TAMBÉM BRINCAM. OBSERVE AS FOTOGRAFIAS.

A ALUNOS BRINCAM EM ESCOLA NA CIDADE DE SÃO PAULO, EM 2012.

B ALUNOS SE DIVERTEM EM PARQUE DE ESCOLA EM REDENTORA, RIO GRANDE DO SUL, EM 2014.

C ALUNOS BRINCAM EM ESCOLA DE AGUDO, RIO GRANDE DO SUL, EM 2013.

PRATIQUE E APRENDA

1. QUAIS SÃO OS NOMES DAS BRINCADEIRAS RETRATADAS NAS FOTOGRAFIAS DA PÁGINA ANTERIOR?

A. FOTOGRAFIA A → _____

_____

B. FOTOGRAFIA B → _____

_____

C. FOTOGRAFIA C → _____

_____

2. DESENHE UMA BRINCADEIRA QUE VOCÊ COSTUMA REALIZAR NA ESCOLA.

DIVIRTA-SE E APRENDA!

BRINCAR COM OS COLEGAS DA ESCOLA É MUITO DIVERTIDO. COM A AJUDA DO PROFESSOR, ESCOLHAM UM LOCAL DA ESCOLA PARA BRINCAR DE **ESTÁTUA**.

SIGAM AS ETAPAS A SEGUIR.

1. ESCOLHAM QUEM SERÁ O PEGADOR.
2. OS OUTROS COLEGAS DEVEM CORRER PELO LOCAL.
3. QUANDO O PROFESSOR DER O SINAL, O PEGADOR COMEÇA A CORRER ATRÁS DOS COLEGAS.
4. QUANDO O PEGADOR CONSEGUIR TOCAR EM ALGUÉM, ESSA PESSOA TEM QUE FICAR PARADA COMO UMA "ESTÁTUA", COM AS PERNAS AFASTADAS.
5. A ESTÁTUA SERÁ SALVA QUANDO OUTRO PARTICIPANTE PASSAR POR BAIXO DAS PERNAS DELA.
6. DEPOIS DE ALGUNS MINUTOS, ESCOLHAM OUTRO PEGADOR E RECOMECEM A BRINCADEIRA.

A RELAÇÃO COM OS COLEGAS DA ESCOLA

ÀS VEZES, ACONTECEM SITUAÇÕES DE BRIGA E DESENTENDIMENTO ENTRE OS ALUNOS NA ESCOLA.

LEIA O TEXTO.

DE VEZ EM QUANDO RODRIGO BRIGAVA COM SEUS AMIGOS — PRINCIPALMENTE COM O RICARDO, QUE SEMPRE QUERIA ESCOLHER A BRINCADEIRA OU OS BRINQUEDOS. ELES DISCUTIAM SOBRE QUALQUER COISA! MAS, NO FINAL, SEMPRE ACABAVAM FAZENDO AS PAZES E BRINCANDO JUNTOS. BRIGAS ENTRE AMIGOS SÃO LOGO ESQUECIDAS.

AMIZADE – DOS VELHOS AOS NOVOS AMIGOS, DE NÚRIA ROCA. SÃO PAULO: CARAMELO, 2003. P. 10.

1. POR QUE RODRIGO BRIGAVA COM RICARDO DE VEZ EM QUANDO?

2. POR QUE, NO FINAL, SEMPRE ACABAVAM FAZENDO AS PAZES E BRINCANDO JUNTOS?

OS PROFESSORES

AS PESSOAS RESPONSÁVEIS POR ENSINAR OS ALUNOS NA ESCOLA SÃO OS PROFESSORES.

OBSERVE AS ILUSTRAÇÕES.

A

PROFESSORA DE LÍNGUA PORTUGUESA.

B

PROFESSORA DE MÚSICA.

C

PROFESSOR DE EDUCAÇÃO FÍSICA.

D

PROFESSOR DE CIÊNCIAS.

Ilustrações: Lorelyn Medina/Shutterstock/ Glow Images

1. O QUE OS PROFESSORES QUE APARECEM NAS ILUSTRAÇÕES ESTÃO FAZENDO?

PRATIQUE E APRENDA

1. OBSERVE AS FOTOGRAFIAS A SEGUIR.

A

B

C

D

QUAIS PROFESSORES FORAM RETRATADOS NAS FOTOGRAFIAS ACIMA? ANOTE AS LETRAS CORRESPONDENTES.

- [ ] PROFESSOR DE MATEMÁTICA.

- [ ] PROFESSOR DE EDUCAÇÃO FÍSICA.

- [ ] PROFESSORA DE ARTE.

- [ ] PROFESSOR DE MÚSICA.

QUE CURIOSO!

PROFESSORES E ALUNOS

A MANEIRA COMO OS PROFESSORES SE RELACIONAVAM COM OS ALUNOS PASSOU POR MUITAS MUDANÇAS. OBSERVE AS FOTOGRAFIAS A SEGUIR.

A

NO PASSADO, GERALMENTE, OS ALUNOS SÓ PODIAM FALAR QUANDO O PROFESSOR PERMITIA.

FOTOGRAFIA TIRADA EM 1900.

B

ATUALMENTE, OS PROFESSORES VALORIZAM A PARTICIPAÇÃO DOS ALUNOS EM TODA AULA.

FOTOGRAFIA TIRADA NA ATUALIDADE.

1. COMPARE AS DUAS FOTOGRAFIAS. DEPOIS, CONVERSE COM OS COLEGAS SOBRE AS DIFERENÇAS ENTRE ELAS.

65

PARA A ESCOLA FUNCIONAR BEM

ALÉM DOS PROFESSORES, OUTROS FUNCIONÁRIOS SÃO RESPONSÁVEIS PELO BOM FUNCIONAMENTO DA ESCOLA.

OBSERVE AS ILUSTRAÇÕES.

ZELADOR.

DIRETOR.

BIBLIOTECÁRIA.

PORTEIRO.

COZINHEIRA.

PRATIQUE E APRENDA

1. MARQUE COM UM **X** AS ALTERNATIVAS CORRETAS.

A. O FUNCIONÁRIO RESPONSÁVEL PELO PREPARO DOS ALIMENTOS DAS PESSOAS NA ESCOLA É:

☐ BIBLIOTECÁRIO(A). ☐ COZINHEIRO(A).

☐ DIRETOR(A).

B. O FUNCIONÁRIO RESPONSÁVEL PELO CUIDADO COM OS LIVROS DA BIBLIOTECA É:

☐ ZELADOR(A). ☐ PORTEIRO(A).

☐ BIBLIOTECÁRIO(A).

C. O FUNCIONÁRIO RESPONSÁVEL POR ADMINISTRAR A ESCOLA É:

☐ DIRETOR(A). ☐ COZINHEIRO(A).

2. PERCORRA O CAMINHO CORRETO PARA QUEM JULIANA PRECISA DEVOLVER O LIVRO QUE PEGOU EMPRESTADO DA BIBLIOTECA DA ESCOLA.

JULIANA

DIRETORA NAIR

PROFESSOR MARCOS

BIBLIOTECÁRIA ROSA

RETOMANDO O QUE ESTUDEI

1. ESCREVA, AO LADO DE CADA ILUSTRAÇÃO, O QUE OS ALUNOS ESTÃO FAZENDO NA ESCOLA.

_____

_____

_____

_____

_____

_____

_____

_____

_____

2. LIGUE CADA FOTOGRAFIA À SUA LEGENDA CORRETA.

PROFESSORA DANDO AULA PARA OS ALUNOS.

BIBLIOTECÁRIO TRABALHANDO NA BIBLIOTECA DA ESCOLA.

COZINHEIRA PREPARANDO A COMIDA NA ESCOLA.

3. ESCREVA UMA FRASE SOBRE A SUA CONVIVÊNCIA COM AS PESSOAS DA ESCOLA.

PONTO DE CHEGADA

- ✔ ENTRE AS **PESSOAS DA ESCOLA** ESTÃO OS ALUNOS, OS PROFESSORES E OS FUNCIONÁRIOS DA ESCOLA.
- ✔ É MUITO IMPORTANTE **RESPEITAR** TODAS AS PESSOAS DA ESCOLA.
- ✔ É DIVERTIDO REALIZAR **BRINCADEIRAS NA ESCOLA** COM OS COLEGAS.
- ✔ OS **PROFESSORES** SÃO RESPONSÁVEIS POR ENSINAR OS ALUNOS NA ESCOLA.
- ✔ VÁRIAS PESSOAS TRABALHAM PARA MANTER O **BOM FUNCIONAMENTO** DA ESCOLA.

UNIDADE 4
FESTAS E COMEMORAÇÕES

OBSERVE AS IMAGENS A SEGUIR.

A

FESTA DE ANIVERSÁRIO DE CRIANÇA EM SÃO CAETANO DO SUL, SÃO PAULO, EM 2009.

B

DESFILE DE CARNAVAL NO SAMBÓDROMO DA CIDADE DO RIO DE JANEIRO, EM 2013.

C

COMEMORAÇÃO DE ANO-NOVO NA CIDADE DO RIO DE JANEIRO, EM 2014.

D

FESTA JUNINA EM CAMPINA GRANDE, PARAÍBA, EM 2012.

PONTO DE PARTIDA

1. QUAIS FESTAS FORAM RETRATADAS NAS IMAGENS?
2. VOCÊ JÁ PARTICIPOU DE ALGUMA DESSAS FESTAS? SE SIM, COMO FOI?
3. CITE OUTRAS QUE VOCÊ JÁ PARTICIPOU.

O DIA DO ANIVERSÁRIO

OBSERVE A FOTOGRAFIA A SEGUIR.

1. MARQUE COM UM **X** A OCASIÃO RETRATADA NA FOTOGRAFIA ACIMA.

   ☐ DIA DO CASAMENTO.   ☐ DIA DE ANO-NOVO.

   ☐ DIA DO ANIVERSÁRIO.

O DIA DO ANIVERSÁRIO É UMA DATA MUITO ESPERADA PELA MAIORIA DAS PESSOAS, POIS É NELA QUE SE COMEMORA O DIA DO NASCIMENTO.

2. PINTE O QUADRINHO COM O NÚMERO DO MÊS DE SEU ANIVERSÁRIO.

1	2	3	4	5	6
7	8	9	10	11	12

3. AGORA, PINTE O QUADRINHO COM O DIA DO SEU ANIVERSÁRIO.

1	2	3	4	5	6	7	8
9	10	11	12	13	14	15	16
17	18	19	20	21	22	23	24
25	26	27	28	29	30	31	

EXISTEM DIFERENTES MANEIRAS DE SE COMEMORAR O ANIVERSÁRIO. UMA DELAS É REUNIR FAMILIARES E AMIGOS EM CASA, EM UM SALÃO DE FESTAS E OUTROS LUGARES. NESSAS OCASIÕES, COSTUMA-SE CANTAR PARA O ANIVERSARIANTE.

MAS ESSA NÃO É A ÚNICA MANEIRA DE COMEMORAR ESSA DATA. VEJA.

CAMILO GOSTA DE COMEMORAR SEU ANIVERSÁRIO NA ESCOLA, COM SEUS COLEGAS DE SALA.

JÚLIA E MATEUS, QUE SÃO IRMÃOS GÊMEOS, GOSTAM DE PASSAR O DIA DO SEU ANIVERSÁRIO COM SEUS FAMILIARES EM CASA.

QUANDO É SEU ANIVERSÁRIO, SILVIA GOSTA DE BRINCAR COM SEUS AMIGOS NO PARQUINHO PERTO DA SUA CASA.

PRATIQUE E APRENDA

1. DESENHE COMO VOCÊ GOSTA DE COMEMORAR O SEU ANIVERSÁRIO.

- DEPOIS, MOSTRE SEU DESENHO AOS COLEGAS.

LEIA MAIS!

ESSE LIVRO CONTA A HISTÓRIA DE GILDO, UM ELEFANTINHO QUE TINHA MEDO DE BALÕES DE FESTA DE ANIVERSÁRIO. UM DIA, PORÉM, ELE DESCOBRE QUE OS BALÕES PODEM SER BASTANTE DIVERTIDOS.

GILDO, DE SILVANA RANDO. SÃO PAULO: BRINQUE-BOOK, 2010.

QUE CURIOSO!

O DIA DO ANIVERSÁRIO É COMEMORADO PELAS PESSOAS DE DIFERENTES MANEIRAS, EM VÁRIOS LUGARES DO MUNDO.

NO MÉXICO, POR EXEMPLO, AS PESSOAS CONSTROEM UMA PINHATA PARA O ANIVERSARIANTE.

A PINHATA PODE TER DIFERENTES FORMATOS. DENTRO DELA, SÃO COLOCADOS DOCES, COMO BALAS E CHOCOLATES.

DE OLHOS VENDADOS, O ANIVERSARIANTE PRECISA TENTAR QUEBRAR A PINHATA, ESPALHANDO O SEU RECHEIO.

MENINO TENTA QUEBRAR UMA PINHATA NO DIA DO SEU ANIVERSÁRIO.

OUTRAS FESTAS E COMEMORAÇÕES

ALÉM DOS ANIVERSÁRIOS, AS PESSOAS COSTUMAM SE REUNIR PARA OUTRAS FESTAS E COMEMORAÇÕES.

OBSERVE AS FOTOGRAFIAS.

MUITAS PESSOAS COMEMORAM A PASSAGEM DE ANO-NOVO AO AR LIVRE, PARA VER OS FOGOS DE ARTIFÍCIO À NOITE. COMEMORAÇÃO DE ANO-NOVO NA CIDADE DO RIO DE JANEIRO, EM 2005.

DURANTE AS FESTAS DE CARNAVAL, GERALMENTE AS PESSOAS SAEM FANTASIADAS PARA BRINCAR E DANÇAR PELAS RUAS E AVENIDAS. CARNAVAL DE RUA EM SALVADOR, BAHIA, EM 2006.

A FESTA DO *QUARUP*

ALGUNS POVOS INDÍGENAS QUE VIVEM NO BRASIL REALIZAM UMA GRANDE FESTA CHAMADA *QUARUP*.

UMA VEZ POR ANO, ESSA FESTA REÚNE INDÍGENAS DE DIFERENTES POVOS PARA HOMENAGEAR OS FAMILIARES QUE JÁ MORRERAM.

INDÍGENAS KALAPALO DURANTE PESCA DE PEIXES PARA A COMEMORAÇÃO DO *QUARUP*. ALDEIA AIHA, MATO GROSSO, EM 2011.

DURANTE O *QUARUP*, HOMENS, MULHERES E CRIANÇAS DANÇAM E CANTAM PARA HOMENAGEAR AS PESSOAS QUERIDAS. ALDEIA AIHA, MATO GROSSO, EM 2011.

PRATIQUE E APRENDA

1. OBSERVE AS FOTOGRAFIAS A SEGUIR.

- DE QUAL FESTA AS CRIANÇAS RETRATADAS ACIMA VÃO PARTICIPAR? MARQUE COM UM **X** A RESPOSTA CORRETA.

  ☐ FESTA DE ANO-NOVO.

  ☐ FESTA DE CARNAVAL.

  ☐ FESTA JUNINA.

2. VOCÊ JÁ PARTICIPOU DE UMA FESTA COMO ESSA? CONTE PARA OS COLEGAS.

3. A CENA A SEGUIR REPRESENTA UMA FESTA JUNINA. PINTE-A COM SUAS CORES FAVORITAS.

- DEPOIS DE PRONTO, MOSTRE O DESENHO AOS COLEGAS.

FESTAS E COMEMORAÇÕES NO PASSADO

MUITAS FESTAS E COMEMORAÇÕES EXISTEM HÁ BASTANTE TEMPO. OBSERVE ALGUMAS FOTOGRAFIAS DE FESTAS NO PASSADO.

PESSOAS DURANTE CARNAVAL DE RUA, EM SÃO PAULO, EM 1969.

PESSOAS PARTICIPANDO DE FESTA JUNINA, ESTADO DO PARANÁ, EM 1961.

COMEMORAÇÃO DE **IMIGRANTES** JAPONESES NA CIDADE DE SÃO PAULO, EM 1958.

PESSOAS PARTICIPANDO DE CONGADA, EM VOTUPORANGA, SÃO PAULO, EM 1959.

IMIGRANTE: PESSOA QUE NASCEU EM UM PAÍS E PASSA A VIVER E MORAR EM OUTRO.

PRATIQUE E APRENDA

1. LIGUE CADA FOTOGRAFIA À SUA LEGENDA CORRETA.

ALUNOS E PROFESSORAS FANTASIADOS PARA UMA FESTA NA ESCOLA, EM 1970.

PESSOAS REUNIDAS DURANTE UMA FESTA DE RUA, EM 1970.

FAMÍLIA REUNIDA PARA COMEMORAR UM CASAMENTO, EM 1920.

2. DESENHE NOS ESPAÇOS A SEGUIR:

A. UMA FESTA QUE VOCÊ COSTUMA COMEMORAR NA ESCOLA.

B. UMA FESTA QUE VOCÊ COSTUMA COMEMORAR COM SEUS FAMILIARES.

O FOLCLORE

FOLCLORE É O NOME DADO A ALGUNS ELEMENTOS POPULARES QUE FAZEM PARTE DE NOSSAS VIDAS, COMO CANÇÕES, DANÇAS, BRINCADEIRAS E HISTÓRIAS.

OBSERVE A SEGUIR ALGUNS ELEMENTOS DO FOLCLORE BRASILEIRO.

A

Hans Von Manteuffel/ Opção Brasil Imagens

O FREVO FOI CRIADO NO ESTADO DE PERNAMBUCO. ALÉM DE UMA DANÇA, É TAMBÉM UM RITMO MUSICAL. FOTOGRAFIA QUE RETRATA PESSOAS DANÇANDO FREVO DURANTE CARNAVAL EM RECIFE, PERNAMBUCO, EM 2012.

O BUMBA MEU BOI É UMA MISTURA DE DANÇA E TEATRO MUITO POPULAR EM DIFERENTES REGIÕES DO BRASIL. GRUPO DE BUMBA MEU BOI EM CAXIAS, MARANHÃO, EM 2014.

A CULINÁRIA TAMBÉM PODE FAZER PARTE DO FOLCLORE DE UM POVO. A FEIJOADA É UM EXEMPLO BEM POPULAR. FOTOGRAFIA DE FEIJOADA, TIRADA EM 2009.

1. VOCÊ CONHECE OUTROS ELEMENTOS DO FOLCLORE BRASILEIRO? CONTE PARA OS COLEGAS.

PRATIQUE E APRENDA

1. MUITAS LENDAS FAZEM PARTE DO FOLCLORE BRASILEIRO. A SEGUIR, SÃO APRESENTADOS TRÊS PERSONAGENS DESSAS LENDAS. LIGUE CADA UM À SUA DESCRIÇÃO.

HOMEM COM APARÊNCIA DE LOBO QUE APARECE EM NOITES DE LUA CHEIA PARA ASSUSTAR AS PESSOAS.

A IARA VIVE NOS RIOS E É METADE MULHER, METADE PEIXE.

MULA QUE SOLTA FOGO NO LUGAR DA CABEÇA E PERSEGUE AS PESSOAS À NOITE.

2. AS BRINCADEIRAS A SEGUIR FAZEM PARTE DO FOLCLORE BRASILEIRO. ESCREVA O NOME DE CADA UMA UTILIZANDO AS PALAVRAS DO QUADRO ABAIXO.

PEGA-PEGA • JOGAR PETECA
PULAR CORDA • AMARELINHA

_____   _____

_____   _____

DIVIRTA-SE E APRENDA!

AS CHARADAS OU ADIVINHAS SÃO BRINCADEIRAS MUITO DIVERTIDAS E DESAFIADORAS. MUITAS DELAS TAMBÉM FAZEM PARTE DO FOLCLORE BRASILEIRO.

1. FORMEM DUPLAS E TENTEM RESPONDER ÀS SEGUINTES ADIVINHAS.

A O QUE É, O QUE É? QUE DÁ MUITAS VOLTAS E NÃO SAI DO LUGAR.

B O QUE É, O QUE É? CÉU QUE NÃO POSSUI ESTRELAS.

C O QUE É, O QUE É? QUE CAI DE PÉ E CORRE DEITADA.

D O QUE É, O QUE É? É SURDO, MUDO, MAS CONTA TUDO.

RETOMANDO O QUE ESTUDEI

1. MARQUE COM UM **X** OS ELEMENTOS QUE GERALMENTE SÃO COMUNS NAS FESTAS JUNINAS.

2. OBSERVE AS FOTOGRAFIAS E RELACIONE CADA UMA DELAS À LEGENDA CORRESPONDENTE.

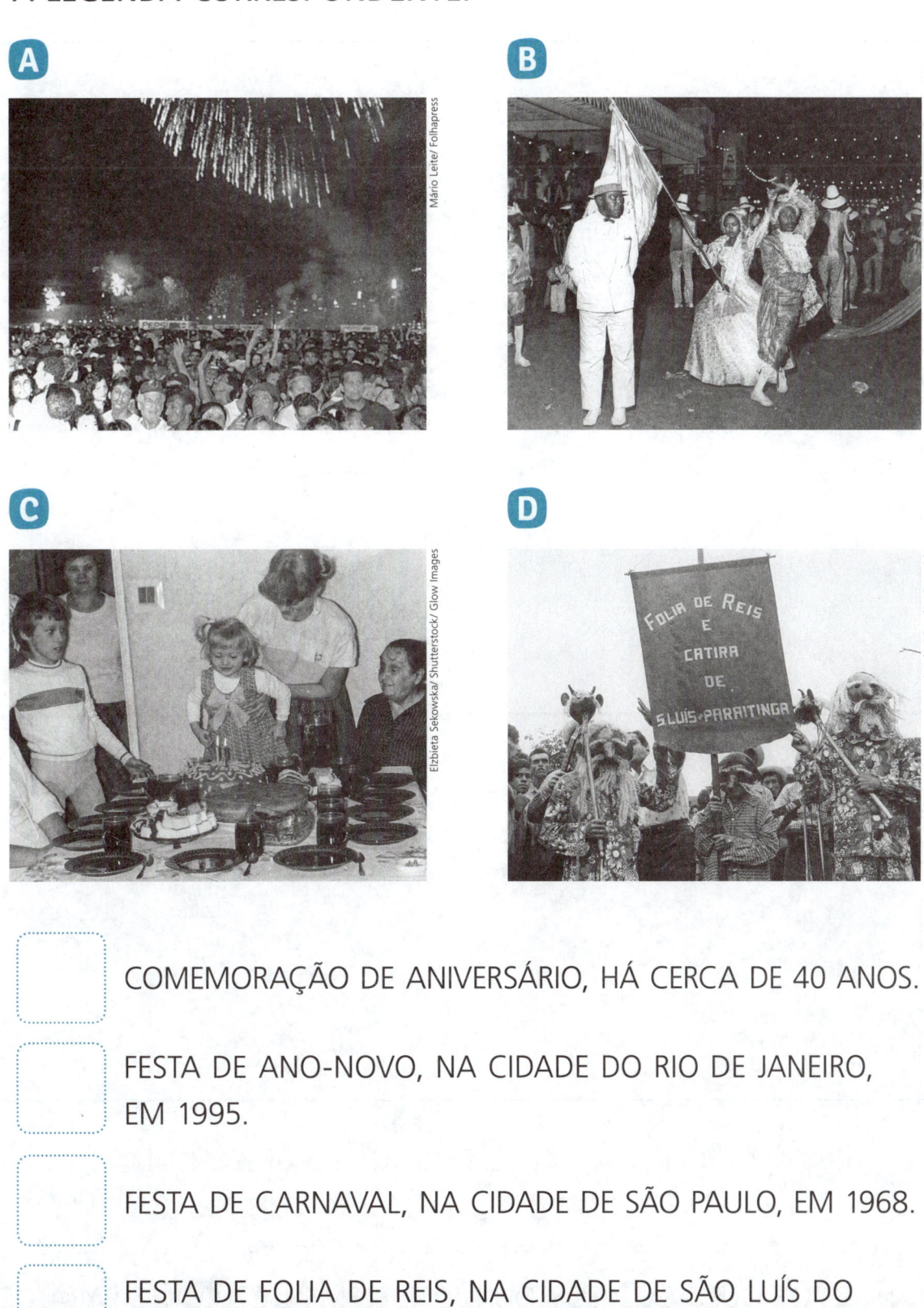

A

B

C

D

☐ COMEMORAÇÃO DE ANIVERSÁRIO, HÁ CERCA DE 40 ANOS.

☐ FESTA DE ANO-NOVO, NA CIDADE DO RIO DE JANEIRO, EM 1995.

☐ FESTA DE CARNAVAL, NA CIDADE DE SÃO PAULO, EM 1968.

☐ FESTA DE FOLIA DE REIS, NA CIDADE DE SÃO LUÍS DO PARAITINGA, SÃO PAULO, EM 1974.

3. DESENHE UM ELEMENTO DO FOLCLORE BRASILEIRO QUE VOCÊ MAIS GOSTOU.

A. AGORA, CRIE UM TÍTULO PARA O SEU DESENHO.

_____

B. POR QUE VOCÊ GOSTOU DESSE ELEMENTO? CONTE PARA OS COLEGAS.

4. COMPLETE AS FRASES COM AS PALAVRAS DO QUADRO.

> FAMILIARES • *QUARUP* • ANO-NOVO • NASCIMENTO

A. O ANIVERSÁRIO É A DATA EM QUE COMEMORAMOS O DIA DE NOSSO _____.

B. MUITAS FESTAS E COMEMORAÇÕES REÚNEM AMIGOS E _____.

C. O _____ É UMA GRANDE FESTA QUE REÚNE DIFERENTES POVOS INDÍGENAS.

D. AS FESTAS DE _____ MARCAM O FIM DE UM ANO E O COMEÇO DE OUTRO.

PONTO DE CHEGADA

- ✔ O **DIA DO ANIVERSÁRIO** É A DATA DO NASCIMENTO DA PESSOA.
- ✔ A FESTA DE ANO-NOVO, O CARNAVAL E A FESTA JUNINA SÃO **COMEMORAÇÕES POPULARES** NO BRASIL.
- ✔ MUITAS **FESTAS** E **COMEMORAÇÕES** EXISTEM HÁ BASTANTE TEMPO.
- ✔ O **FOLCLORE** É FORMADO POR UM CONJUNTO DE CONHECIMENTOS POPULARES, COMO CANÇÕES, DANÇAS E BRINCADEIRAS, QUE FAZEM PARTE DO NOSSO DIA A DIA.

BIBLIOGRAFIA

BASACCHI, Mario. *Origem das datas comemorativas*. São Paulo: Paulinas, 2000.

BOULET, Gwenaelle; DIOCHET, Nathalie; FOURNIER, Martine; RUFFAULT, Charlotte. *Convivendo com meninas e meninos*. São Paulo: Ática, 2005. (Guia da criança cidadã).

CARMO, João Clodomiro do. *O que é candomblé*. São Paulo: Brasiliense, 1987. (Primeiros passos).

DUMONT, Sávia. *O Brasil em festa*. São Paulo: Companhia das Letrinhas, 2000.

GUIMARÃES, Telma. *Do jeito que você é*. São Paulo: Formato Editorial, 2009. (Para aquecer o coração).

IACOCCA, Liliana; IACOCCA. *De onde você veio? Discutindo preconceitos*. São Paulo: Ática, 2004.

JAFFÉ, Laura; MARC, Laure Saint. *Convivendo com a família*. São Paulo: Ática, 2005. (Guia da criança cidadã).

_____. *Convivendo com a escola*. São Paulo: Ática, 2006. (Guia da criança cidadã).

_____. *Convivendo com a violência*. São Paulo: Ática, 2003. (Guia da criança cidadã).

JOSÉ, Elias. *Uma escola assim, eu quero pra mim*. São Paulo: FTD, 2007. (Segundas histórias).

LODY, Raul. *Candomblé: Religião e resistência cultural*. São Paulo: Ática, 1987. (Princípios).

MACHADO, Ana Maria. *ABC do Brasil*. São Paulo: SM, 2008.

MOTA, António. *O primeiro dia na escola*. São Paulo: Leya, 2012.

PERES, Eraldo. *Festa Brasileira: folias, romarias e congadas*. São Paulo: Senac Editoras, 2010.

PILAGALLO, Oscar. *Festas populares: uma celebração de sons e movimentos*. São Paulo: Folha de São Paulo, 2012. (Folha. Fotos antigas do Brasil; v.6).

ROCA, Núria. *Amizade: dos velhos amigos aos novos amigos*. São Paulo: Editora Caramelo, 2003.

_____. *Família*. São Paulo: IBEP, 2011. (Carambola).

SANTA ROSA, Nereide Schilaro. *Festas e tradições*. São Paulo: Moderna, 2001. (Arte e raízes).

SANTOS, Joel Rufino. *O saci e o curupira: e outras histórias do folclore*. São Paulo: Ática, 2002.

SILVA, Vagner Gonçalves. *Candomblé e Umbanda: caminhos da devoção brasileira*. São Paulo: Ática, 1994. (As religiões na história).